Mein

Neckar-Elz II

Ich widme dieses Buch all den Menschen, welche das Buch gelesen bzw. gekauft haben. Mir wurde so viel Lob und Anerkennung zuteil, dass ich aus dem Staunen gar nicht mehr herauskam. Vielen Dank allen!
Der Bitte von vielen Lesern auf eine Fortsetzung bin sehr gern nachgekommen
Krems-Rehberg, im Oktober 2017

Juergen von Rehberg

Mein

Neckar-Elz II

...da fällt mir noch ein

Bibliografische Information der Deutschen National-bibliothek:
Die Deutsche Nationalbibliothek verzeichnet diese Publikation in der Deutschen Nationalbibliografie; detaillierte bibliografische Daten sind im Internet über http://dnb.dnb.de abrufbar.

Herstellung und Verlag: BoD – Books on Demand, Norderstedt

ISBN: 978-3-7448-8888-2

Inhaltsverzeichnis:

Vorwort:

Liebe Leser!

Als ich „Mein Neckar-Elz" im Jahr 2016 geschrieben habe, konnte ich nicht ahnen, was daraus werden würde.

Das Büchlein fand ein solches Echo, dass ich davon völlig überrumpelt wurde. Bis zum heutigen Tag wurde es über 250 Mal gekauft und wohl auch gelesen.

Über das hinaus wurde ich von vielen Neckarelzern kontaktiert, die mir in liebvollen Kommentaren bestätigt haben, dass ich ihnen aus der Seele geschrieben habe.

Dafür bedanke ich mich recht herzlich!

Was mich über die Maße erstaunt hat, ist die Tatsache, dass mich auch junge Menschen kontaktiert haben.

Auch dafür meinen ganz herzlichen Dank!

Jetzt beginne ich gerade ein weiteres Büchlein „Mein Neckar-Elz" zu schreiben, quasi eine Ergänzung zum ersten. Ich wurde von verschiedenen Seiten dazu angesprochen und ermuntert.

Mal schauen, was daraus wird…

Wie alles begann

Es war die letzte Kriegsweihnacht, als das Christkind in die Hauptstraße 207 – vier Tage vor Heiligabend - ein vorzeitiges Weihnachtsgeschenk vorbeibrachte.

Es handelte sich um ein Knäblein, welches im Neuen Jahr auf den Namen Jürgen, Josef getauft werden sollte. Also um mich.

Jürgen – in Anlehnung an einen lieben Verstorbenen namens Georg, Josef – nach dem Namen meines Vaters.

Im Zimmer zugegen waren die „Storchenmutter", mit bürgerlichem Namen Frau Müller und Hebamme ihres Zeichens, und die Schwester meiner Mutter namens Luise.

Besagte Schwester wich keinen Zentimeter vom Bett meiner Mutter, und sie verließ das Zimmer erst dann, als die Hebamme ein energisches Wort an sie gerichtet hatte.

Als ich mein Erscheinen in der Welt durch einen lauten Schrei kündete, kam Tante Luise flugs herbeigeeilt, bewaffnet mit einer gusseisernen Pfanne, in welcher ein intensiv duftendes Stück Fleisch ruhte.

Leider zog diese Eintrittskarte überhaupt nicht. Der starke Geruch des Fleisches rief einen solch heftigen Brechreiz bei meiner Mutter hervor, dass sie mit der ihr verbliebenen Kraft laut „hinaus!" rief.

Tante Luise hat ihr diesen Hinauswurf sehr lange Zeit nicht verziehen.

War die Geburt schon kein Zuckerschlecken, so kam es noch dicker.

Die Brüste meine Mutter entzündeten sich so sehr, dass sie mich nicht stillen konnte. Es musste also dringend Milch her.

Was heute unverständlich und nicht nachzuvollziehen ist, war damals ein Riesenproblem. Es gab zwar einige Bauern im Dorf, aber dennoch war es nicht leicht irgendwelche Lebensmittel zu bekommen. Und ich meine Grundnahrungsmittel wie Kartoffeln, Gemüse und Milch.

Es gab, es gibt und es wird immer Menschen geben, die vom Krieg profitieren. Wer etwas zu verkaufen hatte, der wollte auch Bezahlung dafür haben.

Und das geltende Zahlungsmittel in jener Zeit war nicht Bargeld, sondern Schmuck und Bettwäsche. So wechselten nicht nur Ringe, Armbänder, Uhren oder Goldketten den Besitzer, sondern auch Tischdecken oder Bettwäsche. Vorausgesetzt, sie waren von hochwertiger Qualität.

Geld verlor ständig an Wert. Durch die Inflation im Jahr 1945 und in den folgenden Jahren wurde das Geld schneller entwertet als es gedruckt werden konnte.

Erinnerungen an die Inflation 1914 -1923 wurden wach, als sogar Städte ihr eigenes Geld drucken ließen und in Umlauf brachten. Wie auch die Stadt Mosbach.

Oder die Badische Bank der Stadt Mannheim…

Da wurden aus 1000 Mark auch schnell mal schnell eine Milliarde. Ein roter Überdruck und fertig…

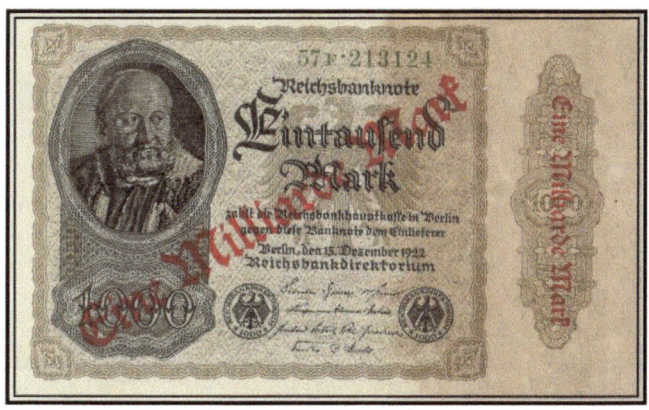

Was die Gestaltung anging, so war man schon sehr erfinderisch und künstlerisch voll ambitioniert…

Holde Weiblichkeit für das Auge des geneigten Betrachters…

Wobei man bei diesem Geldschein scheinbar schon erkennen kann, wohin die Reise geht…

Im Proporz zur Verkleinerung des Geldwertes…

wurden die gleichen Geldscheine in einem größeren Format und in kleinen farblichen Veränderungen gedruckt…

Doch wieder zurück zu den Schwierigkeiten in jenen Tagen etwas zu essen auf den Teller zu bekommen.

Nachdem die Bauern im Dorf – es waren wohl nicht alle gleich – nur unwillig Lebensmittel ohne entsprechenden Gegenwert herausrückten, blieb nur noch das „Hamstern".

Das geschah derart, dass einer „Schmiere stand", während die anderen Beteiligten auf fremden Äckern wilderten.

Eine kleine Anekdote hierzu:

Meine Mutter und Tante Luise gingen, zusammen mit einer Freundin, auf Kartoffelklau. Der Acker, auf welchem die Früchte der Begierde wuchsen, lag im Bereich vom „Lager Hohl".

Während die drei Frauen fleißig beim Ernten waren, hatten sich US-Soldaten herbei geschlichen und sprachen die Frauen an.

Nacktes Entsetzen ergriff die Kartoffeldiebe, zumal es sich bei den Soldaten um schwarze Neger (heutzutage politisch korrekt: colored people) handelte.

Sie rannten in panischer Angst die nach oben führende Straße hinauf, ohne sich auch nur einmal umzudrehen. In ihren Ohren dröhnten die Schritte der Verfolger.

Als sie oben angelangt waren, blieb eine der drei Frauen mit den Worten stehen: „Ich kann nicht mehr…"

Und als auch die beiden anderen anhielten und sich umschauten, bemerkten sie, dass niemand hinter ihnen war.

Die GI's hatten einfach nur im Stand mit den Füßen auf den Boden getrampelt und so bei den angstgetriebenen Frauen den Eindruck vermittelt, sie würden sie verfolgen.

Was beim Erzählen viele Jahre später Heiterkeit auslöste, war damals mit Todesangst verbunden.

Die Haltung einzelner Bauern, aus der Not hungernder Menschen Profit zu schlagen, hat man ihnen irgendwann wohl verziehen; indes vergessen hat man es nie.

Der unsägliche Krieg ging im Mai 1945 zu Ende. Damit begann die Zeit der Besatzung durch die Alliierten.

Amerikanische Soldaten wurden in den Wohnhäusern der Neckarelzer Bürger einquartiert. Sie gingen von Haus zu Haus, besichtigten und requirierten dann.

Auch mein Elternhaus wurde besichtigt. Unser Trumpf-Ass hieß Tante Luise und diese Karte stach.

Meine Wenigkeit, inzwischen schon fähig auf dem „Pot de chambre" – eingedeutscht als „Potschamber" – zu sitzen, wurde als Waffe eingesetzt.

Da saß ich nun auf besagtem Nachttopf inmitten der Küche und strahlte die Prüfungskommission mit kotverschmiertem Gesicht an.

Die Gesichtsbemalung wurde als Verstärkung des zu vermittelnden Eindrucks eingesetzt, jedoch ohne mich vorher zu fragen.

Nacktes Entsetzen in den Gesichtern der Soldaten verriet unmittelbar die gewünschte Wirkung, und als sie die Schlafstätte besahen, gab ihnen diese den Rest.

Tante Luise, inzwischen ihrem 40. Lebensjahr schon sehr nahe, hatte die geniale Idee, eine dreckige, verschlissene Steppdecke auf dem Doppelbett auszubreiten, die normalerweise als Abdeckung für die Kartoffeln im Keller fungierte.

„Goddam", „dirty" und „sick" waren nur einige der Worte, mit dem der Anführer der Truppe den miserablen und verabscheuungswürdigen Zustand des Hauses in der Hauptstraße 207 bezeichnete.

„Come on" und „let's go!" waren die letzten Worte; dann verschwand der kleine Requirierungstrupp und ward nie mehr gesehen.

Die umliegenden Nachbarn verstanden nicht, warum gerade unser Haus verschont geblieben war. Und Mutter und Tante verstanden es ebenso wenig.

Zumindest taten sie so…

Vis-à-vis von unserem Haus und über dem Neckar, war ein unterirdischer Stollen, in welchem von Zwangsarbeitern Flugzeugmotoren gebaut werden sollten.

Zu diesem Zweck wurden in der Volkschule Neckarelz KZ-Häftlinge untergebracht. Sie mussten zu Fuß über die Neckarbrücke in die Stollen in Obrigheim marschieren.

Die Eisenbahnbrücke vor ihrer Zerstörung 1945...

Die unterirdische Fabrikationsstätte wurde immer wieder von Fliegern beschossen und bombardiert. Unser Haus befand sich offenbar in der Einflugschneise für die Angreifer.

Zahlreiche Löcher in der Rückwand des Hauses zeugten davon. Ein Geschoss vom Bord-MG eines Flugzeugs drang durch die Mauer und blieb in der Lamperie meines Schlafzimmers stecken, von wo es keck hervorschaute.

17

Für die jüngere Generation: Lamperie ist die Bezeichnung einer hölzernen Wandverkleidung im unteren Bereich eines Innenraumes.

Niemand wusste, ob und wie gefährlich dieses Teil war. Es war recht groß dimensioniert und die Spitze des Geschosses ragte ca. 5 cm weit in den Raum.

Irgendwann reifte der Entschluss – ich war schon im Bereich baldiger, herannahender Pubertät – bei Tante Luise das Geschoss entfernen zu lassen.

Für diese heldenhafte und wagemutige Tat kam nur einer in Frage: Der Emmerts Karl!

Bewaffnet mit Meisel und Hammer, wuchtete unser lieber Nachbar und Schmied, die Bedrohung aus der Lamperie heraus. Nicht jedoch, bevor die Bewohner in respektvollem Abstand verharrten.

Wenig später präsentierte der bewundernswerte Mann das Ergebnis seiner Bemühung mit dem ihm eigenen breiten Grinsen.

Dabei qualmte der Rest seiner Zigarre wie eine Fahne, die man als Zeichen des Triumphes schwenkt. Den Lohn für seine Heldentat kassierte der wackere Schmied in Form von ein paar Zigarren, einen Schnaps und eine Flasche Bier.

Nachdem Schnaps und Bier vor Ort konsumiert worden waren, wechselte Herr Emmert wieder hinüber in seine Schmiede, um sich weiter dem Tagesgeschäft zu widmen.

Mutter und Tante Luise bei einem Spaziergang auf der Eisenbahnbrücke, lange vor dem Krieg…

Was den Alliierten nicht gelang, vollzogen am 30. März 1945 deutsche Truppen, indem sie die Eisenbahnbrücke sprengten, um dem herannahenden Feind das Überschreiten des Neckars zu erschweren. Die Brücke wurde später nicht wiederaufgebaut.

Das Heranwachsen

Wir schreiben inzwischen das Jahr 1948. Das war ein sehr ereignisreiches Jahr. Die Währungsreform trat in Kraft und mit ihr die Einführung der DM.

Ich kann mich noch gut an den ersten Geldschein erinnern, den ich geschenkt bekam. Es war wohl nicht

gleich zu Anfang der Währungsreform; wahrschein-
lich ein paar Jahre später.

Es war ein 5-Pfennig-Schein.

Ein weitaus wichtigeres Ereignis – und das war sehr wohl 1948 – war meine erste lange Hose.

Ich bekam sie anlässlich der Konfirmation meines großen Bruders Klaus.

Der gestrenge Blick in meinem Gesicht ist keinesfalls Ausdruck dafür, dass ich neidisch bin, weil ich keine Geschenke bekommen habe wie mein Bruder.

Ich möchte das nur erwähnen, damit kein falscher Eindruck entsteht…

In meinem ersten Buch „Mein Neckarelz" habe ich ja schon von meiner leidvollen Kindergartenzeit berichtet.

Dazu sind mir noch zwei Dinge eingefallen:

O lobe Gott dein Leben lang!
Er ist so treu und gut.
Er führt auch deiner Füße Gang
Und gibt dir frohen Mut.

Gottes Vaterhand erhält
Wald und Flur und alle Welt,
Sieht, bewahrt, erhält auch mich,
Liebet mich so väterlich.

Lüfte wehn, Bächlein gehn
Nimmermüde früh und spat.
Merke drauf, wer zum Lauf
So sie ausgesendet hat.

Gottes Vaterhand, die führt,
Schirmt und nähret all die Seinen,
All die Großen und die Kleinen,
Daß kein Unfall sie berührt.

1. Ein ähnliches „Heiligenbild" wie eines von diesen war der Auslöser für eine Kontroverse mit einem bösen, rothaarigen, sommersprossigen „Mitinsassen" aus dem Nachbarort Diedesheim.

Er wollte mir mein Bild entreißen, was ich aber nicht als richtig empfand. Also zerrten wir solange daran herum, bis es in Fetzen ging.

Das wiederum entfachte in mir einen heiligen Zorn, den ich mit den mir zur Verfügung stehenden Mitteln zum Ausdruck brachte.

Der elende Schuft war mir körperlich überlegen, sodass ein Frontalangriff mit Fäusten für mich nicht infrage kam.

Ich beschränkte mich aufs Spucken, was zu meinem Leidwesen Schwester Else beobachtet hatte.

Die Strafe folgte auf dem Fuß: Ich musste in die Ecke stehen.

Diese Ungerechtigkeit habe ich ihr bis zum heutigen Tage nicht verziehen…

2. Ein anderes Ereignis – jedoch viele, viele Monde später – ereignete sich ebenfalls auf dem Gelände des evangelischen Kindergartens.

Das alljährliche Kirchweihfest (sprich Kerwe) hatte die Bevölkerung eingeladen sich zu verlustieren.

Kinderkarussell, Losbude, Zuckerwatte, Verkaufsbuden für jedwede Gebrauchsgegenstände, nebst Spielzeug für die Kleinen.

Das alles berührte uns nicht, waren wir ja doch schon echte Männer. Zumindest unserem Empfinden nach. Zarte sechzehn, siebzehn Jahre, erster Bartflaum und ein Selbstbewusstsein, das in keinen Schrank passte.

Die Schießbude war die Location, auf die unsere Wahl fiel. Und dort eine verlockende Flasche Wermut, die man – durch das Abschießen einer gewissen Anzahl Röhrchen – erwerben konnte.

Jugendschutz war für den Schießbudenbesitzer ein Fremdwort, und so lud er uns die Waffe, mit der wir zu Werke gehen wollten.

Wir, das waren aus meiner Erinnerung heraus Volker, Wilhelm, Rolf und ich. Damals alle vier Mitglieder des Posaunenchors. Leider sind zwei davon nicht mehr am Leben.

Die Menge der vorgegebenen Röhrchen, die es zu eliminieren galt, war beträchtlich. Aber geteilt durch vier, war der dafür aufzubringende Betrag erschwinglich.

Also legten wir an – einer nach dem anderen – und schossen so lange, bis die Flasche Wermut in unseren Besitz über gegangen war.

Wir beschlossen das köstlich-süße Getränk vor unserer nächsten Chorprobe zu genießen.

Ich glaube mich ebenfalls zu erinnern, dass die Probe immer Donnerstag abends in den Räumlichkeiten des Kindergartens stattfand. Und das unter der gestrengen Leitung von Pfarrer Albrecht.

Der Donnerstag kam, und wir trafen uns – eine Stunde vor Chorprobenbeginn – im Kirchenhof, an den der Kindergarten anschloss.

Dort befand sich auch ein großer Schuppen, in welchem Spielgerät, Sitzbänke für die Kindergartenkinder und anderes untergebracht war.

Im Schutze dieses Schuppens sollte die „Entjungferung" der Wermut-Flasche stattfinden. Die Vorfreude und die Spannung waren riesengroß.

Aber noch viel größer war die Enttäuschung, als wir bemerkten, dass wir vergessen hatten einen Korkenzieher mitzubringen.

Ich weiß heute nicht mehr, wer auf die glorreiche Idee gekommen ist, den Korken in die Flasche hinein zu drücken.

Werkzeug dafür hatten wir ja dabei: Ein Trompetenmundstück.

Mit ihm drückten wir den Korken in die Flasche hinein, geschafft!

So dachten wir im ersten Augenblick; aber mitnichten…

Dieser blöde Korken hatte die dumme und unangenehme Eigenschaft immer wieder zum Flaschenhals zurück zu dringen, wenn wir die Flasche an den Mund ansetzten.

Eine weitere, glorreiche Idee brachte Abhilfe.

Wenn das Mundstück gut genug dafür war, die Flasche quasi zu entkorken, dann konnten wir sie doch auch getrost als Trinkhilfe verwenden.

Gesagt – getan!

Vier – scheinbar dem Wahnsinn verfallene junge Männer – leerten die ganze Flasche, indem sie das Mundstück als Trinkhalm verwendeten.

Das Ergebnis dieser unseligen Tat ließ auch nicht lange auf sich warten. Der Alkohol verrichtete gnadenlos sein Werk.

Als die Chorprobe begann, wurde sie von vier bestens gelaunten, kichernden „Beinahemännern" so sehr gestört, dass sie schon nach wenigen Minuten im hohen Bogen vom Herrn Pfarrer hinausgeworfen wurden.

Dies war die kürzeste Probe, die der evangelische Posaunenchor jemals abgehalten hat.

Mit einem der Beteiligten, es war Volker, verbindet mich ein weiteres alkoholisches Erlebnis:

In den rückwärtigen Räumlichkeiten des Gasthauses „Linde" wurde Schnaps gebrannt. Ein älterer Mann mit Namen Ludwig Heiss („Lui") war der Meister der kleinen Destillerie.

Es war Freitagabend und ich holte meinen Freund Volker zum Kinogang ab. Da wir zeitig dran waren, bat uns der Vater von Volker, wir möchten für ihn den bestellten „Selbstgebrannten" abholen.

Nichtsahnend kamen wir seiner Bitte nach.

Das Schnaps brennende Schlitzohr lud uns ein den Schnaps zu kosten. Mit dem Argument „Ihr seid doch schon bald Männer" lockte er uns in eine Falle, aus der es kein Entrinnen gab.

Unser Stolz hätte es niemals zugelassen dieser Aufforderung nicht nachzukommen. Zu jener Zeit war mir der Wahrheitsgehalt des Sprichworts „Dummheit und Stolz wachsen auf einem Holz" noch nicht so bewusst.

Wir leerten das Glas auf einen Zug, wie sich das für echte Kerle nun einmal gehörte, und wir vermochten uns auch der zweiten Wahrheit „Auf einem Bein kann der Mensch nicht stehen" nicht zu verschließen.

Die Wirkung ließ nicht lange auf sich warten. Der Film im Casino-Filmtheater war sicher sehr schön; nur wir beide haben ihn nicht gesehen.

Der Herr „Lui" übergab uns die bestellte Menge Schnaps, Volker brachte sie auch brav nach Hause, und ich machte mich derweil ebenfalls auf den Heimweg.

Würde das besagte Schlitzohr heute noch leben, so könnte man ihn der begangenen, schweren Körperverletzung verklagen. Handelte es sich doch um den sogenannten „Vorlauf", der einen extrem hohen Alkoholgehalt hatte.

Allerdings wäre die schändliche Tat schon längst verjährt. Damals waren halt andere Zeiten, und ich kann mir vorstellen, dass der Vater von Volker sich ebenso darüber erheitert hat wie der Herr „Lui".

Dass seine Mutter nicht sonderlich amused darüber war, liegt klar auf der Hand.

Schicksalsschläge

Meine Mandeln entzünden sich immer wieder. Das führt schließlich dazu, dass ich mich einer Operation unterziehen lassen muss.

Der Ort dieses Geschehens ist die Johannes-Anstalt in Mosbach. Sie wird von der Bevölkerung despektierlich auch „Idiotenanstalt" genannt, weil in ihr geistig Behinderte untergebracht sind.

Es ist das erste Mal, dass ich ohne die schützende Hülle von Mutter und Tante Luise bin, und ich habe schreckliche Angst.

Ich kratze jedes Stückchen Mut zusammen, das ich finden kann; aber es ist nicht genug.

Die Operation hat sich so tief in meine Seele eingebrannt, dass ich fast jedes Detail noch heute abrufen kann.

Ich sitze gottergeben auf einem Stuhl – ähnlich dem eines hohen Frisörstuhls – und harre der Dinge, die da auf mich zukommen sollten.

Hinter mir hat eine Schwester von walkürenhafter Gestalt Aufstellung genommen. Das beunruhigt mich sehr, denn ich kann nicht sehen, was sie vorhat.

Dann weiß ich es. Sie umklammert mit ihren Händen meinen Kopf und presst ihn fest an ihren üppigen Busen.

Kaum habe ich mich von diesem Schock erholt, kommt auch schon der nächste.

Der Herr Doktor steckt mir ein Gerät in den Mund, mit welchem er den Rachenraum spreizt, sodass ich meinen Mund nicht mehr schließen kann.

Dann sehe ich eine riesengroße Spritze auf mich zukommen, mit welcher eine Lokalanästhesie eingeleitet wird.

Ich wünsche mir sehnlichst eine Ohnmacht herbei; was mir das Schicksal leider verwehrt. Was dann kommt, ist ein Geräusch, das ich zeitlebens nicht mehr vergessen werde: Das metallische Reiben zweier Flächen einer Schere, mit welcher meine Mandeln abgeschnitten werden.

Dann ist es vorbei. Ich habe meine erste Operation gut überstanden. Das betrifft natürlich nur den körperlichen Aspekt.

Meine Seele hat massiv Schaden genommen, weil ich sexuell genötigt worden bin (mein Kopf zwischen dem Busen einer wildfremden Frau) und weil mir mein Mund gewaltsam geöffnet wurde (Erinnerung an das Folterinstrument „Mundbirne" aus dem Mittelalter).

Dessen nicht genug, werde ich in ein Zimmer mit zwei alten Männern (vermutlich um die 30 Jahre alt) gelegt, wovon der eine sehr gemein ist.

Der Schmerz der OP-Wunde, in Verbindung mit massivem Heimweh, überwältigt mich. Ich wimmere in mein Kissen.

Dazu muss man wissen, dass es verschiedene Stufen des Klagens gibt: Heulen, schluchzen, weinen, bis hin zum plärren.

In meiner kindlichen Phase gehörte ich zu keiner dieser Gruppen. Ich bevorzugte das Wimmern, ähnlich wie das kleine Hundewelpen tun.

Als ich mich gerade wieder einmal dem Wimmern hingab, sagte der eine der beiden Männer mit barscher Stimme:

„Wenn du nicht sofort damit aufhörst, schmeiße ich dich aus dem Fenster."

Ich erschrak zutiefst und panische Angst ergriff meine zarte Seele. Der andere Mann befleißigte sich umgehend mir die Angst zu nehmen, indem er mir versicherte, dass es sich bei der Drohung um einen Scherz handle.

So gern ich ihm auch Glauben geschenkt hätte; ich konnte es nicht. Als es Nacht wurde und mit ihr die Schlafenszeit kam, traute ich mich nicht die Augen zu schließen.

Um es kurz zu machen, der Fenstersturz fand nicht statt. Wenige Tage später wurde ich entlassen und zum Abschied ließ mich der Herr Doktor in ein großes Glasgebinde hineingreifen, welches auf seinem

Schreibtisch stand, und in dem sich köstliche Him-
beer-Zuckerln (Gutsel) befanden.

Den Namen des bösen Mannes im Zimmer weiß
ich nicht mehr, er war aber aus Neckarzimmern…

Das ist der Ort, an welchem sich mein nächster
Schicksalsschlag ereignen sollte. Genauer gesagt an
der Tür, welche man nach außen öffnen muss, wenn
man von der Terrasse über die Treppe hinunter in den
Hof gelangen möchte.

Die kleine Holztüre eignet sich auch sehr gut zum
Schaukeln:

Oberkörper über die Oberkante der Tür legen.
Mit den Füßen abstoßen und hinausschwingen.
Mit den Füßen von der Kante des Schuppens links
abstoßen und so wieder zurückschwingen.

Das klappt solange gut, wie man jeweils genug Schwung mitnimmt.

An diesem speziellen Tag hatte ich beim Hinausschwingen etwas zu wenig Kraft angewandt und konnte dadurch mit den Füßen die Kante des Schuppens nicht erreichen, um mich für das Zurückschwingen daran abzustoßen.

Da hing ich nun zwischen Himmel und Erde und konnte weder vor noch zurück. Hilfe konnte ich keine herbeirufen, weil ich allein im Haus war.

Es kam, wie es kommen musste. Meine von Haus aus zu wenig vorhandenen Kräfte schwanden, und ich musste loslassen.

Der Sturz in die Tiefe verlief suboptimal und ich quittierte dies mit einem Schmerzensschrei.

Ich weiß heute nicht mehr, wer mich so vorgefunden hat und mir damit das Leben gerettet hat.

Aber ich weiß, dass ich mit Tante Luise mit dem Zug in die Orthopädische Klinik nach Heidelberg-Schlierbach gefahren bin, und dass es hinterher ein großes Eis gab.

Mit Tante Luise verbinde ich einen weiteren, auch sehr schlimmen Schicksalsschlag…

In der Bahnhofsstraße – vis-à-vis vom Friedhof – liegt die Praxis vom Herrn Dr. Hans Wey. Dieser Mann war im Zweiten Weltkrieg im KZ Neckarelz tätig und unterstützte die dort gefangen Ärzte bei ihrer Arbeit.

Eigentlich ein überzeugter Nationalsozialist, veränderte er angesichts des Elends seine Einstellung und wurde mit viel Risiko zum heimlichen Helfer.

In Anerkennung seiner Verdienste wurde vom Mosbacher Gemeinderat die kleine Brücke über die Elz unterhalb der alten Volksschule „Dr.-Hans-Wey-Brücke" benannt.

Tante Luise sah in ihm auch den Helfer für mich. Er war unser Hausarzt - und das schon seit Generationen.

Ich hatte mir an der Ferse des rechten Fußes eine ordentliche Blase zugezogen, welche größer und immer größer wurde.

Also marschierte ich mit Tante Luise zur Praxis des verehrten Herrn Dr. Hans Wey. Sie hatte mir jedwede Angst genommen, indem sie mir glaubhaft beteuerte, dass mir der Onkel Doktor eine Salbe auftragen würde, welche die Blase eintrocknen ließe.

Der ältere Herr mit Brille und einem gütigen Lächeln begrüßte mich mit Handschlag und bat mich dann bäuchlings auf der Behandlungsliege Platz zu nehmen.

Dadurch der Sicht beraubt, bedeutete er der bis dahin lieben Tante, sie möge sich auf mich lehnen, um mir damit die Möglichkeit zu nehmen, mich von der Liege zu erheben.

Dann nahm er eine Schere, schnitt ein Loch in die Blase und riss mit einem kurzen, heftigen Ruck, mittels einer Pinzette, die tote Haut ab.

Mit einem *„du bist ein tapferer, kleiner Mann"* wollte der Arzt wohl meine Sympathie zurückgewinnen, welche er jedoch durch seine heimtückische Art verloren hatte.

Ich zeigte ihm die kalte Schulter und verließ mit meiner ehemaligen Lieblingstante die Praxis.

Der Heimweg verlief schweigend; zumindest was meine Person betraf.

Tante Luise bemühte sich heftig mir zu versichern, dass sie sich wohl bei der Einschätzung der zu erwartenden Behandlung geirrt habe, und dass sie gleichermaßen entsetzt sei wie auch ich.

Ich glaubte ihr kein einziges Wort. Das Vertrauen war zerstört, und es sollte viele Jahre dauern es wiederherzustellen.

Hinzu kam, dass ich dadurch der Verabschiedung meiner Volksschulkameraden fernbleiben musste, und meinen Beitrag (ich glaube, es war ein Gedicht) nicht vortragen durfte.

Traudl – aufmerksam / Gustl konzentriert / Christl vortragend…

Die Lindengasse

Wenn ich dieses Bild sehe, werden viele Erinnerungen
wach…

Es war zum einen mein bevorzugter Schulweg, der mich beim Elternhaus meines Schulkameraden Walter vorbeiführte.

Jedoch immer linksseitig am Gebäude der Metzgerei Schultheiss-Arnold vorbei, weil rechtsseitig der Rottweiler manchmal wartete.

Bei der Mutter von Walter bekam ich manchmal einen heißen Kakao, ich glaube es war ein Kaba-Kakao, und er schmeckte köstlich.

Die Lindengasse war im Winter aber auch unsere Schlittenbahn. Sie führte von ganz oben hinunter, beim Wohnhaus von Schulkameradin Ute ums Eck und weiter bis hinunter zur Elz.

Der Mutigste legte sich bäuchlings auf seinen Schlitten und ein anderer, nicht allzu schwerer, setzte sich auf dessen Rücken. Daran angehängt folgten noch weitere Schlitten. Dann ging die wilde Fahrt los. Der Lenker dieses Zugs musste höllisch aufpassen, dass er vor dem Sonnenhof auf der linken Seite die Kurve bekam.

Es gab natürlich noch andere Schlittenbahnen. Es wurde praktisch das ganze Dorf genutzt und der damals nur mäßig stattfindende Straßenverkehr ließ es durchaus auch zu.

Da wo die Lindenstraße einen Rechtsbogen hinauf zum Café Münch macht, liegt der Bauernhof der Familie Zorn.

Die Tochter Maria und der Schwiegersohn Josef sind eine große Hilfe für den Altbauern. Ich mag diesen alten Mann sehr.

Er ist nicht sehr groß, hat einen Schnauzer und ein liebes Gesicht. Und der Schalk sitzt ihm kräftig im Nacken.

Als ich einmal abends in den Kuhstall gehe, um ein Kälbchen zu streicheln, sitzt er gerade beim Melken. Als er mich sieht und ich nah genug bei ihm bin, spritzt er mir mit einem Milchstrahl aus dem Euter der Kuh punktgenau ins Gesicht.

Ich kann nicht sagen, ob das damals Können war oder reiner Zufall; denn eine zweite Attacke gab es später nicht mehr.

Kühe waren früher nicht nur Milch- und Fleischlie-
feranten, sie dienten auch als Zugtiere in der Land-
wirtschaft. Ebenso wie Pferde.

Es war ein erhebendes Gefühl, wenn ich auf dem
Feld mitarbeiten durfte, wobei „arbeiten" nicht ganz
den Kern der Sache trifft.

Ich durfte dabei sein und manchmal auch das
Fuhrwerk lenken; genauer gesagt, gab ich mich dem
Gefühl hin es zu können. Die Tiere kannten ihren
Weg auch von allein.

Es sind herrliche Erinnerungen an diese Zeit. Ich
habe noch sehr konkrete Bilder vor meinen Augen.

Sommer beim Ernten. Es ist heiß. Eine Pause wird
eingelegt. Brot, Wurst und kühlende Getränke werden
verteilt.

Ich sitze unter einem schattenspendenden Baum zwischen Erwachsenen. Es wird gegessen, getrunken und geflachst. Ich fühle mich wunderbar wohl.

Es ist wie auf einem Gemälde von dem niederländischen Maler Pieter Breugel, dem Älteren, das den Namen „Die Kornernte" trägt.

Das schönste Erlebnis findet am Abend nach der Arbeit statt.

Wenn dann alle um den großen Tisch in der Stube sitzen und das Nachtmahl einnehmen, entsteht für mich eine ganz besondere Stimmung.

Über dem Tisch, in der Ecke, das Kruzifix und auf dem Tisch Brot, Gurken und „Hausmacher". Dazu einen Most; für mich nur stark verdünnt.

Ich genieße dieses Gefühl der Zugehörigkeit zu diesen wunderbaren, liebenswerten Menschen, und ich bin jedes Mal fast ein wenig traurig, wenn ich mich mit meiner Kanne voll frisch „gezapfter" Milch auf den Heimweg mache.

Nicht, dass ich kein glückliches Zuhause hatte, ganz im Gegenteil. Aber diese große Familie als Gegensatz zu der meinen – ohne Vater und Großeltern – war schon etwas anderes.

Meine Mutter war geschieden, meine Großeltern noch vor meiner Geburt gestorben, und mein zehn Jahre älterer Bruder ging schon längst seine eigenen Wege.

Und nicht zu vergessen, die „Hausmacher". Für diese Köstlichkeit von einem großgezogenen, selbstgefütterten und hausgeschlachteten Schwein war einfach das Nonplusultra. Ich liebe sie noch heute…

Sollten die Mitglieder dieser tollen Familie dieses Büchlein lesen, so grüße ich sie an dieser Stelle ganz herzlich in lieber Erinnerung an eine karge Zeit nach dem Krieg.

Die Mutter eines Kriegsgefangenen küsst Konrad
Adenauer voller Dankbarkeit die Hand

Es war unbestritten das Verdienst dieses Politikers,
dass ab 7. Oktober 1955 die „Heimkehr der Zehntau-
send" stattfand.

Bundeskanzler Konrad Adenauer hatte in zähen
Verhandlungen mit Nikita Chruschtschow das unmög-
lich Scheinende zuwege gebracht.

Am 7. Oktober 1955 kamen die ersten 600 Heim-
kehrer im Lager Friedland an, wo sie – in Vertretung
des an Grippe erkrankten Bundeskanzlers – von Bun-
despräsident Theodor Heuss empfangen wurden.

Und ziemlich oben in der Lindenstraße, auf der
linken Seite, wo diese schon fast an die Hauptstraße
anstößt, kommt im Oktober 1955 auch ein solcher
Spätheimkehrer an.

Es handelt sich um Wilhelm Messner, einen vom Krieg und der Gefangenschaft gezeichneten Mann.

Er steht oben auf der Treppe, vor der blumenbekränzten Haustür, abgemagert und mit tränengefüllten Augen und betrachtet mit unsicherem Blick die versammelte Menge, welche sich – teils aus Mitgefühl; aber wohl auch aus Neugier – eingestellt hat.

Die hohe Geistlichkeit, der Herr Bürgermeister und weitere Persönlichkeiten aus dem Ort heißen einen Menschen willkommen, der in der Gefangenschaft, als Folge eines unsinnigen Krieges, gebrochen wurde, und vor dem jetzt eine nur sehr schwer zu bewältigende Aufgabe liegt: Die Wiedereingliederung in eine Gesellschaft, welche sich gerade in ihrem „Wirtschaftswunder" sonnt.

„Von der Hölle ins Paradies!"

So könnte man die Umstände für die Heimkehr dieses Mannes beschreiben, der immer wieder von Weinkrämpfen heimgesucht wird.

Der Männergesangverein umrahmt die feierliche Veranstaltung mit entsprechendem Liedgut, begleitet von leisem Weinen und heftigem Schnäuzen.

Und über die Lindengasse legt sich ein Gefühl, das in diesem Augenblick alle eint: Ergriffenheit...

Bucheckern und Ährenlesen

Es muss wohl etwa in diesem Alter gewesen sein, als mich Mutter und Tante in den Wald mitnahmen, um Bucheckern zu sammeln...

Bucheckern sind die Früchte der Rotbuche, haben eine Form wie ein Dreispitz und sind ca. 1,5 Zentimeter groß.

Die kleinen Nüsschen sitzen zu zweit in einem 3 bis 7 Zentimeter langen Fruchtbecher und werden von einer braunglänzenden Schale umhüllt.

Alle 5 bis 8 Jahre haben die Bäume einen reichen Fruchtbehang und produzieren ihre Früchte erst, wenn sie selbst ein Alter zwischen 40 und 80 Jahre erreicht haben.

Diese mühsam gesammelten Bucheckern wurden dann mittels einer Eisenbahnfahrt in die Ölmühle Neckargerach gebracht, um sie dort pressen zu lassen.

Der Zug hielt dafür extra im Bereich einer kleinen Brücke, unter der das Bächlein durchfloss, dessen Wasser die Mühle antrieb.

Das war keine reguläre Haltestelle und dieser Stopp wäre heute völlig undenkbar. Es geschah in einer Zeit, in der sich die Menschen noch näher waren, und in welcher die Not die Menschen zusammenschweißte.

Eine andere Art aus der Not eine Tugend zu machen, war das Ährenlesen. Im Google, dem Lexikon der Moderne aus dem Internet, steht folgendes darüber zu lesen:

Das Ährenlesen, oftmals auch als Nachlese bezeich-
net, war eine verbreitete Erntemethode der niederen
sozialen Schichten eines Dorfes. Zur Erntezeit wurden
die nach dem Schnitt und Abtransport des Getreides
auf dem Feld liegen gebliebenen Ähren gesucht und
aufgesammelt.

Hierzu gibt es eine interessante Geschichte aus
meinem Buch „Erlebtes und Erdachtes", die ich hier
gern wiedergeben möchte:

Big Jon

„Wohin des Weges, Fremde?"

Die beiden Cowboys schauten in die stahlblauen Augen von Big Jon. Dieser stand mitten auf der Straße, braun gebrannt, die rechte Hand locker über seinem 45er hängen, in dessen Mündung bisher alle die, die sich ihm in den Weg stellten, nur ein einziges Mal geschaut hatten.

Big Jon war wohl der schnellste Gunfighter zwischen Neckar und Elzriver und man erzählte sich die tollsten Geschichten über ihn an den Lagerfeuern in der Prärie.

„Verschwinde, du Spinner, sonst machen wir dir Beine!"

Es war Richi, der das sagte, der ältere Bruder von Udo. Die beiden waren Nachbarskinder und zwei, drei Jahre älter als Big Jon.

Big Jon, im reifen Alter von acht Jahren, ließ sich nicht beeindrucken. Er fixierte die Hoger-Brüder mit festem Blick und die Finger seiner rechten Hand lagen fest entschlossen über seinem Halfter, jederzeit bereit - wie ein Adler aus der Luft - zuzustoßen und in gewohnt schneller Manier die tödliche Waffe zu ziehen.

Udo, der jüngere der Hoger-Brüder, hatte die unmittelbare Gefahr erkannt, denn er wandte sich seinem Bruder Richi zu und bedeutete diesem, er solle doch nicht so sein und Jürgen, ich meine natürlich Big Jon mitgehen lassen.

Als er dieses tat, schlotterten ihm vor Angst die Knie und seine Stimme drohte ihm zu versagen. Ja, sie fürchteten wohl alle Big Jon und dessen schnelle Hand.

„Na gut, von mir aus, soll er doch mitgehen, wenn er will", hörte Big Jon ihn sagen und er pfiff seine Hand zurück.

„Da haben die beiden noch einmal Glück gehabt", dachte er still bei sich und außerdem kannten sich die Mutter der Brüder und seine Mutter schon seit der Sonntagsschule.

„Hol dir einen Sack", sagte Udo, *„wir gehen Ährenlesen."*

Big Jon verschwand im Haus und kehrte kurze Zeit später mit einem Jutesack zurück.

„Und wo gehen wir Ähren lesen?" fragte er weiter.

„Gleich hinter der Elzbachbrücke, unterhalb vom Malermeister Fütterer", antwortete Udo geduldig.

Udo war ohne Zweifel der nettere von den beiden Brüdern. Richard war der wortkargere und oft der mürrischere von beiden.

„Jetzt halte endlich einmal deinen Schnabel!", fuhr er jetzt dazwischen, *„du quasselst ja dem Teufel seine Ohren weg."*

Big Jon tat schweren Herzens, wie ihn geheißen. Er wäre wohl spielend mit den beiden fertig geworden, wenn er gewollt hätte. Aber schließlich wollte er auch mit zum Ährenlesen gehen.

Was hätte es also genützt, wenn er die beiden mit zwei gezielten Schüssen aus seinem 45er weggepustet hätte?

Die drei Cowboys hatten den Elzriver überquert und waren auf dem besagten Getreidefeld angekommen. Sie hatten Glück. Es war noch niemand vor ihnen da gewesen und sie konnten reiche Beute machen.

Udo, Richi und Big Jon gingen in einer Reihe und sie klaubten die üppig tragenden Getreidehalme vom Boden auf.

Big Jon hatte Mühe mit den beiden Hoger-Brüdern Schritt zu halten. Sie waren ja doch um einiges größer als er und wohl auch kräftiger von der Statur.

Das Feld, auf dem die drei ernteten, war zwar schmal, dafür aber sehr lang. Es erstreckte sich bis zu einem Feldweg hin, der die Grenze zum Nachbarort bildete. In seinem Bereich gab es unzählige Obstbäume, die so sehr mit Äpfeln und Birnen beladen waren, dass deren Zweige zum Teil bis auf den Boden reichten und man fürchten musste, dass das schwere Gewicht die Äste zum Brechen bringen könnte.

Als die beiden Hoger-Brüder und Big Jon in den Bereich dieser Bäume kamen, begannen sie das heruntergefallene Obst aufzusammeln und ebenfalls in ihre Säcke zu stecken. Es war eine Wonne und es war überhaupt ein prächtiger Sommertag.

Die Sonne blitzte durch das Blätterdach der Bäume und die Äpfel drohten vor überschäumender Saftigkeit zu zerbersten. Sie hingen an den Zweigen, die von einem leicht wehenden Wind hin und her geschaukelt wurden. Und sie sahen Big Jon mit flehentlichem Blick an.

Es war ihm, als hörte er sie sprechen: *„Pflück uns, Big Jon, hab Erbarmen mit uns. Pflück uns, Cowboy, und steck uns in deinen Sack!"*

Big Jon, der sich nie gegen die Gesetze gestellt hatte, hörte einfach nicht hin. Er war bisher seinen Weg immer gerade gegangen, und er hatte nie zuerst gezogen, wenn ihn einer seiner ungezählten Feinde gefordert hatte. Das war nicht sein Stil.

Doch die Äpfel gaben keine Ruhe: *„Was glaubst du, wie sich deine beiden Mädels freuen würden, wenn du ihnen frisches Obst mit nach Hause bringst."*

Big Jon kämpfte weiter gegen die immer stärker werdende Versuchung an.

„Es wäre nur gerecht, wenn du dir ein paar von uns mitnehmen würdest", fuhren die Äpfel mit süßen Worten fort, *„und außerdem schadet das den Groß-grundbesitzern nicht im Geringsten. "*

Jetzt hatten die wunderschön anzuschauenden und wohlriechenden Früchte des Baumes den bis dahin tapfer widerstehenden Big Jon endgültig überzeugt.

Er schaute sich nach allen Seiten um, ob vielleicht der Marshall in der Nähe sei und dabei entdeckte er die Hoger-Brüder, wie diese mit größtem Eifer ihre Säcke mit frisch vom Baum gepflückten Obst voll-stopften.

„Diese Banditen", dachte Big Jon still bei sich und schon begann er es ihnen gleich zu tun. Sein Sack war schon beinahe voll, da hörte er den entsetzlichen Schrei: *„Der Feldhüter, der Feldhüter - lauf, lauf! "*

Kaum hatte Big Jon dies vernommen, flog sein Kopf herum, und mit großem Entsetzen sah er das Unglück mit großen Schritten auf sich zukommen.

Wer sich ein wenig auskennt in der Prärie, der weiß, dass ein echter Gunman zuerst in seine Karten schaut, bevor er ausspielt.

Was da auf Big Jon zukam war viel schlimmer noch als der Feldhüter. Der Marshall war ein Oldman, der den Höhepunkt seines Lebens schon längst über-schritten hatte und auf den schon die Geier warteten.

Seine Finger hatten die Gicht und jedes Greenhorn hätte seinen Colt schneller gezogen als er. Was jedoch wirklich auf Big Jon zu walzte, das war eine mächtige Lady mit wildentschlossenem Blick und viel zu schnellen Beinen.

„Schätze, ich werde mich zuerst einmal zurück ziehen", dacht Big Jon still bei sich, und er gab seinem Pferd die Sporen.

Und dann ritt er durch die Todesschlucht, was sein Brauner hergab. Es schien, als sollte er der Gefahr entrinnen können, aber die Karten von Big Jon waren an diesem Tag schlecht gemischt und noch schlechter verteilt.

Er hatte ein absolutes Verlierer-Blatt. Sein Brauner, dessen schweißbedecktes Fell in der glutheißen Sonne glänzte, trat in ein Loch und strauchelte.

Big Jon flog im hohen Bogen auf den staubigen Boden der weiten Prärie. *„Damned!"* fluchte er leise vor sich hin, *„diese verfluchten Präriehörnchen..."*

Richi und Udo waren schon längst am Ende von Deathvalley angelangt und somit außer Schussweite, als Big Jon instinktiv fühlte, wie sich von weitem der Lauf einer Winchester auf ihn richtete.

„Bleib ruhig, Alter!" sagte er zu sich selbst und er schmeckte den Staub der Prärie zwischen seinen Zähnen.

Dummerweise lag er auf dem Bauch und somit auf seinem Colt. Zeit, sich umzudrehen hatte er keine mehr, denn er hörte schon das Schnauben des Verfolgerpferdes und er wusste sofort, dass dessen Reiter kein Anfänger war.

Er hörte das metallische Geräusch der Winchester, welche diese macht, wenn sie durchgeladen wird.

„*Das ist das Ende*", dachte Big Jon und er wartete auf die Kugel, deren Knall er wohl nicht mehr hören würde.

Er fürchtete den Tod nicht, denn er wusste, dass es ihn eines Tages erwischen würde. Gunfighter wurden alle nicht alt. Entweder traf sie eine Kugel aus dem Hinterhalt, oder es kam einfach einer, der schneller zog.

Die Tatsache, dass er sterben würde, ohne seinen Colt in der Hand, einfach so, wie ein räudiger Kojote, schmeckte ihm gar nicht.

„*Behalte die Nerven, Oldfellow!*" fuhr er sich selber an. „*Die letzte Kugel hat den Lauf noch lange nicht verlassen...*"

Da fiel ihm ein alter Indianertrick ein, der ihm schon einige Male das Leben gerettet hatte. Er schloss ganz fest seine Augen und hielt den Atem an. So würde es wohl klappen.

Sein Verfolger würde ihn mit Sicherheit für tot halten und an ihm vorbei galoppieren, um die Hoger–Brüder zu erwischen...

Big Jon hielt die Augen geschlossen und die Lippen fest aufeinandergepresst. Er fühlte sein Herz laut schlagen und er hörte, wie das Blut in seinen Ohren rauschte.

Das Hufgeklapper kam nah und immer näher und gleich würde es an ihm vorbeiziehen. Doch halt, was war das? Sein Verfolger blieb genau auf seiner Höhe stehen.

Big Jon fühlte den heißen Atem seines Gegners im Nacken und er hörte sein lautes Keuchen. Dann fühlte er eine kräftige Hand in seinem Haar und während diese unbarmherzig zupackte, um Big Jon zum Aufstehen zu bewegen, hörte er eine feste und laute Frauenstimme: *„Ja wen haben wir denn da? Wie heißt du denn, und wo wohnst du???"*

Big Jon verstand die Welt nicht mehr. Wieso hatte ihn sein Verfolger nicht für tot gehalten? Diesen Trick hatte er ungezählte Male Sonntag nachmittags im Kino gesehen.

Dank seines Freundes Volker, dessen Mutter ein kleines Dorfkino hatte und dessen ältere Schwester an der Kasse saß, durfte er ab und zu umsonst, aber immer erst, wenn es im Kino schon dunkel war, in die letzte Reihe sitzen.

Das war Bedingung. Und auch, dass er und Volker vor Ende des Filmes im Dunkeln wieder hinausgingen.

Und in all den vielen Western, die er gesehen hatte, hatte der Trick mit dem sich Totstellen immer funktioniert. Doch was half 's; heute hatte es jedenfalls nicht geklappt.

„So, mein Freund", sagte die mächtig große und starke Tante, *„du willst mir also nicht sagen, wo du wohnst und wie du heißt. Auch gut, dann werden wir eben zum Gendarmen gehen."*

Das war das magische Wort. Die Vorstellung, zum Gendarmen gebracht zu werden und vielleicht ins Gefängnis zu müssen, löste bei Big Jon die Zunge. Und wie ein Kanarienvogel begann er zu singen:

Er sagte brav seinen vollständigen Namen auf, samt Adresse, und er fügte auch noch die Namen und die Adresse seiner beiden Kumpane hinzu.

Letzteres tat er unaufgefordert, um seine Lage zu verbessern. Er hätte wohl in diesem Augenblick alles getan, nur um nicht zum Gendarmen zu müssen.

Und er hätte ebenso alles, was ihm zu diesem Zeitpunkt heilig war, verraten und verkauft, denn seine Angst war übermächtig.

Ein zaghafter Blick in das Gesicht seiner Häscherin ließ ihn erkennen, dass seine Lage um nichts besser geworden war. Da kam ihm der „göttliche Funke" in Form einer Eingebung. Ihm war klar, dass er Verstärkung brauchte. Und diese Verstärkung konnten nur Tante Luise und Mutter sein.

Tante Luise, weil sie an Kraft und Gestalt dieser wild entschlossenen Dame ebenbürtig schien und Mutter, weil diese sowieso wie eine Löwin um ihr Junges kämpfen würde. Also sprach er:

„Ich habe heute noch gar nichts gegessen, ich habe einen solchen Hunger, ich bin schon ganz schwach. Es wäre vielleicht besser, wenn ich schon bald etwas zu essen bekäme.

Ich wohne ja nicht weit weg von hier. Am besten ist es wohl, wenn Sie mich nach Hause bringen, damit ich etwas essen kann. Dann können sie mich ruhig zum Gendarmen mitnehmen."

Big Jon, inzwischen wieder zum kleinen, jedoch nicht hilflosen Jürgen geschrumpft, ergänzte seine List noch durch ein alles besiegendes, flehendes Schauen, und er hatte Erfolg damit.

„Also gut, dann bringe ich dich jetzt nach Hause. Aber dann geht `s ab zum Gendarmen!"

„Ja, ja", stimmte Jürgen beflissen zu, und er fügte seiner Lüge, denn aus nichts anderem bestand seine List, eine weitere hinzu.

Er würde das später mit dem lieben Gott schon ins Reine bringen. Zunächst musste er erst einmal schauen, dass er nach Hause kam; denn dort gab es Hilfe.

Jäger und Gejagter gingen sodann Hand in Hand in Richtung Hauptstraße 207. Als sie dort ankamen, gingen sie ums Haus herum zum hinteren Eingang.

Was für ein schöner Anblick eröffnete sich da dem Knaben; denn Mutter und Tante standen beide auf dem Balkon, als hätte sie eine himmlische Macht dorthin gestellt...

„Ja Frieda, was führt dich denn zu uns", sprach die Tante, *„ist etwas passiert?"*

„Hallo, Luise, gehört der dir?" fragte Frau Frieda die Tante.

„Nein", sprach die Tante, *„der gehört der Charlotte!"*

„Was", sagte wiederum die Frau Frieda zur Mutter gewandt, *„der gehört dir, Charlotte?"*

„Jawohl", entgegnete die Mutter, *„das ist mein Knoddl!"* (Bei diesem Wort handelt es sich um einen Kosenamen, dessen Ursprung nicht empirisch nachzuweisen ist...)

Diesem Dreiergespräch folgte zunächst einmal ein lautes Gelächter der Beteiligten, welches von Jürgen nicht unbedingt verstanden wurde.

Er fühlte nur, wie der feste Druck der Hand von Frau Frieda etwas lockerer wurde, und er erkannte seine große Chance. Mit einem Ruck hatte er sich losgerissen und wie ein geölter Blitz hastete er die Treppe hinauf zum Balkon, hin zu Mutter und Tante.

„Gerettet", dachte er still bei sich, und er fühlte wie Big Jon in seinen verängstigten Körper zurückkehrte.

Was Big Jon zu dem damaligen Zeitpunkt nicht wusste, war die Tatsache, dass Frau Frieda, ihres Zeichens ledige Krankenschwester, eine alte Freundin von Tante Luise war und eine Schulkameradin von Mutter.

Sie konnte nur mit dem Nachnamen von Big Jon nichts anfangen, weil die Mutter ja verheiratet war und einen anderen Namen hatte.

Als Frau Frieda dann noch erfuhr, dass die Mutter der beiden Mitgauner Maria Spohrer mit Mädchennamen hieß und ebenfalls eine Schulkameradin war, da war das Possenspiel komplett.

Die Geschichte machte in späteren Jahren noch oft die Runde, und sie sorgte immer wieder für große Heiterkeit.

Was Frau Frieda am meisten beeindruckt hatte und was sie schlussendlich auch abhielt zum Gendarmen zu gehen, war die scheinbar hilflose Art eines Knaben, der in der höchsten Not nur einen Gedanken hatte, nämlich den, die rettenden Mauern seines Zuhauses zu erreichen.

Er wusste, er würde dort Schutz und Hilfe finden bei zwei wunderbaren und wohl einzigartigen Menschen, in einer Atmosphäre völliger Geborgenheit.

Die Liebe dieser beiden Menschen sollte Big Jon prägen für sein ganzes späteres Leben, und er würde sich an sie erinnern in tiefer Dankbarkeit, und er würde ihnen über den Tod hinaus verbunden bleiben...

****

Diese wahre Begebenheit spielt Anfang der 50er Jahre auf dem Land, zu einer Zeit, wo die Menschen noch nicht im Überfluss gelebt haben und wo das Ährenlesen eine äußerst sinnvolle Tätigkeit war.

Sobald ein Getreidefeld abgeerntet war, war es erlaubt, die Getreidehalme, welche die Maschine nicht erfasst hatte, vom Boden aufzuklauben und die Frucht privat zu verwenden.

Was jedoch nicht erlaubt war, war das Pflücken von Obst, das noch auf den Bäumen hing. Ausgenommen eine einzelne Frucht; das nannte man damals Mundraub. Dieser Straftatbestand wurde mit Wirkung vom 1. Januar 1975 abgeschafft.

Erinnerungssplitter

Ohrfeigen, Backpfeifen, Maulschellen, es gibt die verschiedensten Bezeichnungen für körperliche Züchtigung.

Von zweien dieser Züchtigungen vermag ich zu berichten.

In der ersten oder zweiten Klasse Volksschule, kurz vor Beginn des Religionsunterrichts. Meine Mitschülerin Gabriele (Gabi) hat mich durch irgendeine Handlung (was genau das war, erinnere ich mich nicht mehr) provoziert.

Ich mache meinem Unmut Platz, indem ich in ihr Tintenfass, welches in der Sitzbank integriert ist, hineinspucke.

Die betroffene Person ist auf diesem Bild zu sehen…

66

Mein Timing ist furchtbar schlecht. Im selben Augenblick öffnet sich die Tür und unser Religionslehrer, seines Zeichens aufstrebender Theologe und leider auch noch Vater von Gabi, betritt den Raum.

Und hast du nicht gesehen, haben sich schon fünf Finger seiner rechten Hand auf meiner Wange verewigt.

Jahrzehnte später bin ich diesem Mann wieder begegnet. Inzwischen doppelter Dr. und Buchautor, treffe ich ihn wieder in meiner Eigenschaft als Filialleiter einer Mosbacher Bank.

Wir kommen ins Gespräch, und ich lerne diesen Mann als sympathischen, liebenswerten Menschen kennen, dem ich seine Missetat von damals auf der Stelle verzeihe.

Ich bin sicher, dass er sich an das Geschehen, damals in der Volksschule Neckarelz, nicht mehr erinnern konnte; indes ich selbst habe es nicht vergessen…

Die zweite Züchtigung fand einige Jahre später im Nicolaus-Kistner-Gymnasium in Mosbach statt.

Ein Mitschüler namens Arno, im Übrigen der Sohn der Schulzahnärztin, hatte vom Kirchweihfest seines Heimatdorfes eine Spielzeug-Miniaturkanone mit in die Schule gebracht.

Mit dieser Kanone – von der Größe einer Streichholzschachtel – konnte man kleine Geschosse abfeuern. Wir Kinder nannten sie damals „Judenfürze". Eine etwas salonfähigere Bezeichnung war „Pfennigkracher".

Diese flogen nach dem Anzünden mit einem vernehmbaren Zischen ein kleines Stück weit aus der Kanone heraus.

Es war vor Beginn der Lateinstunde, als Arno die Kanone auf dem Pult der Lehrkraft aufbaute, um sie zu zünden, sobald die Ankunft des Lateinlehrers angekündigt worden war.

Der Lehrer und spätere Direktor des Gymnasiums betrat das Zimmer, und punktgenau zischte das Geschoss aus der Kanone.

Die gesamte Schülerschaft quittierte die Aktion mit einem schallenden Gelächter, und selbst der Herr Lehrer rang sich ein kleines Lächeln ab.

Als er den Schüler aufforderte die Kanone zu entfernen, um mit dem Unterricht beginnen zu können, geschah die hinterlistige Tat.

Kaum dass Arno in die Reichweite des immer noch lächelnden Herrn Lehrers kam, fing er sich eine solch heftige Ohrfeige ein, dass diese ihn zu Boden warf.

Man muss dazu wissen, dass unser Lateinlehrer ein großer und bulliger Typ Mensch war, dessen Hände wie kleine Schaufeln waren.

Auch diesem Mann bin ich später in derselben Bank wieder begegnet.

Aus dem einstigen Hünen war ein alter, gebrochener Mann geworden, der mich nicht erkannte, und der mir fast ein wenig leid tat...

Der Weg als Schüler in die nahe Kreisstadt war im Allgemeinen problemlos; nur im Winter nicht.

Meine Abfahrtspunkte für den Bus lagen im Bereich Elzbachbrücke/Bahnhofstraße und Café Münch. Eine weitere Möglichkeit war die Benutzung der Bahn.

Meine Wahl für das Verkehrsmittel hing im Wesentlichen davon ab, was mich in der Schule erwarten würde.

War es ein normaler „Arbeitstag", so nahm ich sicherheitshalber den Zug nach Mosbach. Dann marschierte ich die Bahnhofstraße hinauf und wartete geduldig auf die Ankunft des Zuges.

Dieser kam meistens mit einiger Verspätung; aber in dem geheizten Wartesaal war das kein Problem.

Ganz anders hingegen verlief das Prozedere, wenn eine Klassenarbeit in der ersten Stunde anstand.

Dann nahm ich den Bus. Zumindest bemühte ich mich in einen solchen einsteigen zu können. Während der Winterszeit waren die Busse ständig überfüllt.

Wohlerzogen, wie ich nun einmal war, habe ich stets den anderen den Vortritt gelassen. Das führte dazu, dass ich meine erste Unterrichtstunde meistens verpasste.

Möglich war dieses Kalkül jedoch nur, weil ich in meiner Klasse der einzige Schüler aus Neckarelz war.

Die Winter in jenen Tagen waren ziemlich heftig. Spezielle Winterbekleidung und richtig warme Schuhe gab es damals nicht wirklich.

Der Hausmeister des Gymnasiums, ein gewisser „Zorro" (den Namen haben ihm die Schüler verpasst), empfand große Genugtuung die wartenden und frierenden Schüler keine Minute früher das Gebäude betreten zu lassen als vorgesehen.

Was mir noch fest in Erinnerung ist, sind die Auswirkungen sozialer Unterschiede, die wir weniger privilegierten Kinder zu spüren bekamen.

Der Umgang des Lehrkörpers mit den Schülern richtete sich unübersehbar nach sozialer Herkunft. Die Kinder von Akademikern (Rechtsanwälte, Ärzte etc.) und gesellschaftlich höher Stehenden verlief deutlich erkennbar anders.

Das führte bei mir dazu, dass ich mich für meine Herkunft irgendwann zu schämen begann. Gefragt, welchen Beruf mein Vater ausübt, erfand ich die Berufsbezeichnung „Revieroberförster" und auch „Versicherungsoberinspektor".

Nicht, dass es diese Berufe nicht gegeben hätte; aber mein Vater war keines von beiden.

Meine Mutter war geschieden, und ergo wusste ich gar nicht, welchen Beruf er ausübte. Aber das fiel niemandem auf, weil es im Grunde genommen keinen interessierte.

Dass meine Mutter und meine Tante – gegenüber den aufgeblasenen Besserverdienenden - die wertvolleren Menschen waren, das wurde mir erst viel später klar.

Sie mussten sich das Schulgeld (das es damals noch gab) und das Geld für Schulbücher und anderes vom Mund absparen, um mir eine bessere Bildung zu ermöglichen.

Ein ganz verrückter Zeitgenosse des Lehrkörpers war ein Herr Dr. E., seiner Aufmachung nach ein richtiger Pfau.

Er unterrichtete Englisch, Französisch und Sport. Erschien er zum Sprachunterricht stets in feinstem Zwirn, so präsentierte er im Sommer beim Sport im Freien seinen gestählten Körper:

Kurze Hose, nackter Oberkörper und Trillerpfeife im Mund, die er gern, oft und mit großer Vehemenz benützte.

Ein Abbild von einem Mann; ein Bär. Das zeigte sich nicht zuletzt auch in seiner Behaarung. Großer

Pelz auf der muskulären Brust und Haarbüschel aus Nase und Ohren…

Das erinnert mich an eine kleine Episode. Sie ereignete sich, als uns der „Speaker", „Sir", vulgo Dr. E. wieder einmal um die Gebäude des Gymnasiums jagte. Die beiden Spitznamen hatten ihm die Schüler verpasst. Worauf er unbedingt Wert legte, war die Anwendung seines akademischen Titels.

Als er einmal versehentlich von einem Schüler mit Herr E. angesprochen wurde, korrigierte ihn der fälschlich Angesprochene mit den Worten:

„E. heißt jedes Schwein – ich heiße Dr. E.!"

Für dieses Zitat verbürge ich mich; denn ich war bei diesem Vorfall persönlich anwesend.

Doch zurück zu der erwähnten sportlichen Herausforderung.

Die Laufstrecke führte - gegen den Uhrzeigersinn - hinter dem Gebäude beginnend, auf die Vorderseite und wieder zurück auf die Rückseite. Und das ganze zehn Runden lang.

Mein sportlicher Ehrgeiz lag damals noch im Argen und sollte erst viel Jahre später erwachen. Mag wohl auch daran gelegen haben, dass ich figürlich nicht dazu prädestiniert war.

Mein schmächtiges Erscheinungsbild nach dem Krieg, war durch den unermüdlichen Einsatz von Tante Luise dahingehend korrigiert worden, dass ich zu häufigem Schlagsahnen-Konsum angehalten wurde.

Die Milch vom Bauern, den ich einige Buchseiten vorher erwähnt habe, hatte über Nacht immer ordentlich Rahm gezogen, welcher in Sahne umgewandelt wurde, die als Zugabe zu Obst und Kuchen gereicht wurde.

Die Menge macht ja bekanntlich das Gift, und ich bekam eindeutig zu viel davon. Die Kurzatmigkeit, welche bei sportlicher Betätigung zutage trat, war der Beweis dafür.

Also hieß es meine Ressourcen sinnvoll zu verwalten. Ich machte das derart, dass ich jede zweite Runde aussetzte und mich auf die Treppe (links im Bild) zum Verschnaufen setzte.

Die letzte Rund beendete ich dann heftig atmend, ja beinahe schon fast keuchend, um dem Herrn Dr. zu gefallen.

Dieses Spiel spielte ich immer wieder, ohne je dabei erwischt zu werden.

Das heißt; nicht ganz. Einmal wurde ich dabei entdeckt.

Wilhelm Heuß, der Schuhmacher aus Neckarelz, kam an der Schule vorbei (ich glaube mit dem Moped) und sah mich auf der Treppe sitzen. Er hielt an und beobachtete mein Vorgehen.

Als er wenige Tage später zu uns nach Hause kam, um repariertes Schuhwerk abzugeben und um den Lohn zu kassieren, teilte er mit einem rechten Schmunzeln die Pfiffigkeit des Knaben Jürgen seiner Mutter und der Tante mit.

Durch diese Pfiffigkeit habe ich den Versuch des Herrn Dr. E. erfolgreich torpediert aus mir einen kernigen, sportlichen Menschen zu machen.

****

Um ein ganz anderes Bild von der deutschen Jugend den Menschen in Amerika vermitteln zu können, gingen die GI's während der Besatzung seltsame Wege.

Es war nicht nur perfide, es war auch total verlogen.

Im Neckarelzer Wald (im Bereich Waldsteige) war eine amerikanische Kompanie – im Rahmen eines Manövers – untergezogen.

Das hatte sich sehr schnell herumgesprochen, und einige Kinder, darunter auch ich, gingen in den Wald, um das Spektakel näher zu beäugen.

Wir schlichen uns langsam heran, wurden aber entdeckt. Die Soldaten winkten uns freundlich zu und hielten Schokolade in den Händen, um uns damit heran zu locken.

Die Gier bei uns hungrigen Knaben siegte über die Angst, und wir gingen zu den Soldaten hin, um die Schokolade in Empfang zu nehmen.

Was dann geschah, ist widerwärtig. Die Soldaten steckten uns Kindern Zigaretten in den Mund, zündeten sie an und postierten uns vor ihren Fahrzeugen.

Dann fotografierten sie uns.

Als ob das nicht schon genug gewesen wäre, fragten sie uns, ob wir eine große Schwester hätten. Das geschah derart, dass sie immer wieder insistierten: „Sister, Sister?", und dabei mit einer Handbewegung eine gewünschte Körpergröße andeuteten, weil wir eine Altersangabe auf Englisch nicht verstanden hätten.

Obwohl wir noch rechte Knirpse waren, hatten wir deren Spiel sehr schnell durchschaut. Fast jeder von uns bestätigte, dass er ein bis zwei Schwestern hätte. Und das unabhängig davon, ob nun wahr oder nicht.

Die nächste Stufe der Perfidie bestand darin uns zu animieren die vorhandenen, bzw. nichtvorhandenen Schwestern in den Wald zu schicken.

„Bring Sister here!"

Da die Phonetik für uns wie *„Bring Sister hier!"* klang, verstanden wir das Ansinnen der Soldaten.

Wir nickten fleißig, jedoch nicht ohne die Hand dabei fordernd auszustrecken. Und der Erfolg blieb nicht aus.

Zumindest was unseren Teil der Abmachung betraf. Wir achteten die nächste Zeit tunlichst darauf diesen testosterongesteuerten, tapferen Befreiern nicht mehr zu begegnen…

****

Einmal im Jahr war großer Einkaufstag. Dann fuhr ich mit Mutter und Tante mit dem Zug nach Mannheim.

Das geschah im Oktober, wenn die Saison zu Ende ging, und Tante Luise als Servierkraft in der Gastronomie genug Geld verdient hatte.

Das war ein rechter Freudentag für mich. Nicht nur, dass es neue Hose, Pullover, Schuhe gab, sondern auch ein Besuch im Restaurant, im obersten Stock des Kaufhauses.

Am frühen Morgen begann die Reise.

Die Fahrt mit der Eisenbahn hatte ihren eigenen Reiz. Vorbei am Stellwerk, durch einige Tunnels, und immer den Neckar im Blick.

Das war in der Zeit, als es noch 1. Und 2. Klasse Zugabteile gab, und man die Fenster, welche mit einem Lederriemen fixiert waren, öffnen konnte.

Bei jedem Fenster war ein Schild angebracht, welches in 4 Sprachen den Fahrgast aufforderte:

E pericoloso sporgersi = italienisch
Ne pas se pencher en dehors = französisch
Do not lean out = englisch

Ich kann mich noch gut daran erinnern, dass ich mir diese Worte immer wieder vorsagte, bis ich sie auswendig konnte.

Was die genaue Aussprache betraf, so konnte ich Italienisch aussprechen, wie man es las, Englisch sagte mir die Tante und Französisch, nun, da schweigt des Sängers Höflichkeit...

Als wir am Nachmittag wieder zurück waren, führte ich mein neues Gewand sofort aus. Es war Samstag und die „alten Herren" hatten ein Fußballspiel. Danach kam noch die 2. Mannschaft von Neckarelz.

Ich sehe mich heute noch, stolz wie Oskar, mit meiner braunen Cordhose, braunen Schuhen, einem taubenblauen Pullover mit hellgrauem Schalkragen und einer braunen Schirmmütze aus Cord. Und alles funkelnagelneu!

Es mag dem Leser unglaubhaft scheinen; aber ich versichere, dass das genau das Outfit war, das ich an jenem Tag getragen habe. Und ich sehe es heute noch genauso vor mir.

****

Eine weitere, unglaubliche Geschichte, auch aus meiner Sicht, war die Sache mit Mutters Fahrrad. Meine Mutter fuhr damit 6-mal in der Woche zur Arbeit in die Konservenfabrik Voss nach Diedesheim.

Im Sommer durfte ich an Samstagnachmittagen und Sonntagen mit ihrem Rad ins städtische Schwimmbad nach Mosbach fahren, welches neben dem Cäcilienbad lag.

Als es Zeit war, wieder nach Hause zu fahren, hörte ich schon von weitem Lärm vom Fußballplatz auf die Straße dringen.

Ich beschloss die mir noch verbleibende Zeit bis zur geforderten Rückkehr zu nützen und stellte das Fahrrad am Zaun ab, der das Fußballfeld begrenzte.

Und wie es sich gehört, sperrte ich das Rad ab und steckte den Schlüssel in die Tasche. Als das Spiel zu Ende war, wollte ich das Rad wieder aufsperren und nach Hause fahren.

Zu meinem großen Entsetzen war der Schlüssel nicht mehr da. Panik brach los. Ich musste den Schlüssel unbedingt wiederfinden.

Ich hatte im Verlauf des Spiels natürlich mehrmals meinen Standort gewechselt, und so blieb mir nichts anderes übrig, als rund um den Spielfeldrand nach dem Schlüssel zu suchen.

Ein anderer Junge war so freundlich mir dabei zu helfen. Aber auch gemeinsam hatten wir keinen Erfolg.

Es war die sprichwörtliche Suche nach der Nadel im Heuhaufen; nur dass es sich um einen Schlüssel handelte und dass die Suche im Gras stattfand, und nicht im Heu.

Nach langem Suchen gaben wir dann auf. Das Rad zu schieben, ging natürlich nicht.

Also hob ich das Hinterrad in die Höhe und marschierte so durch die Herrenwiese, vorbei am Sägewerk nach Hause.

Ich bugsierte das Rad so leise wie möglich in den Schuppen, um die Mutter nicht aufmerksam zu machen.

Dann ging ich hinüber zu Herrn Emmert, dem Nachbarn, der noch in der Schmiede tätig war.

Ich schilderte ihm, mit Tränen in den Augen, mein Unglück.

Herr Emmert sah mich kurz an, dann nahm er Hammer und Meißel und drückte mir beide in die Hand.

Mit einem *„damit müsste es gehen"*, nickte er mir aufmunternd zu und machte sich seinerseits wieder an seine Arbeit.

Ich ging zurück zum Fahrradschuppen und setzte den Meisel an. Dann setzte ich vorsichtig den ersten Schlag gegen die Befestigung des Schlosses.

Es geschah nichts; außer, dass es höllisch laut war. Ich streckte vorsichtig den Kopf aus dem Schuppen und lugte hinauf zur Terrasse, um zu sehen, ob die Mutter – vom Lärm aufgeschreckt – erscheinen würde.

Ich setzte einen weiteren Schlag an, einen festeren, und wieder geschah nichts. Mein Herz schlug bis zum Hals und in meinem Kopf hämmerte wie wild.

Dann setzte ich alles auf eine Karte. Ich schlug mit aller Kraft auf den Meißel, und das Schloss löste sich mitsamt der Halterung und flog zu Boden.

Der Schlag war so laut, dass man ihn bis ins Oberdorf hören konnte. Jetzt war alles verloren. Ich ging hinaus aus dem Schuppen, stellte mich vor die Treppe, welche hinauf auf die Terrasse führte und wartete.

Ich wartete, dass meine Mutter hinzueilen würde, um mit einem Entsetzensschrei meine Untat zu entdecken.

Tränen stiegen in mir auf. Tränen der Verzweiflung und der Schuld darüber, dass ich dies meine Mutter angetan hatte.

Und dann geschah das Wunder; meine Mutter erschien nicht. Sie erschien nicht, obwohl sie im Haus war, wie ich kurz danach auch feststellen konnte.

Ich brachte Herrn Emmert Hammer und Meißel zurück. Er hatte mich schon - in der Tür der Schmiede stehend - erwartet.

Ich denke, er hatte mich schon die ganze Zeit über beobachtet. Ich gab ihm Hammer und Meißel zurück und bedankte mich artig.

Danach ging ich zurück, um mich meiner Tat zu stellen. Ich wischte noch schnell die Tränen ab und ging dann zu meiner Mutter in die Küche.

Die Frage, ob alles in Ordnung sei, beantwortete ich spontan mit einem JA. Überrascht von der Frage, kam ich erst gar nicht zum Überlegen.

An und für sich hatte ich ein anderes Szenario erwartet als das. Hatte die Mutter mein Hämmern gar nicht gehört?

Vorstellen konnte ich mir das auf keinen Fall; aber ich sah es willig als Möglichkeit an. Jetzt blieb nur noch die Frage, ob ich das Geständnis gleich ablegen sollte oder lieber etwas später.

Spätestens am Montag, wenn Mutter das Rad nehmen würde, um zur Arbeit zu fahren, würde alles auffliegen.

Der Sonntag war ein schlimmer Tag für mich. Hin und hergerissen ob des abzulegenden Geständnisses, wartete ich auf eine Lösung, von der ich keine Ahnung hatte, wie sie wohl aussehen könnte.

Der Montag kam, und Mutter musste zur Arbeit. Während ich noch beim Frühstück in der Küche saß, und die Mutter die Treppe hinunter zum Hof stieg, wartete ich auf den Entsetzensschrei.

Aber es kam keiner. Unverständnis befiel meine schuldbeladene Seele. Die Mutter musste doch bemerkt haben, dass kein Schloss mehr an dem Rad war.

Meine Mutter hat das Fehlen des Schlosses niemals erwähnt, was ich bis heute nicht verstehen kann. Den Grund habe ich zwar nie erfahren; aber ich bin mir sicher, es hatte etwas mit Liebe zu tun…

****

Ich hatte zu Herrn Emmert immer einen guten Draht, und ich verbrachte gern Zeit bei ihm in der Schmiede.

Er war neben seiner Tätigkeit als Hufschmied auch sehr geschickt im Fertigen von Zäunen aus Metallstangen, oft verziert mit kunstvoll gefertigten Rosetten.

Eines Tages fuhr er mit dem Moped und einem Anhänger ins Oberdorf, um dort eine Terrassenüberdachung mit Wellplatten aus gelbem Kunststoff zu montieren.

Ich durfte mit ihm fahren, um ihm zur Hand zu gehen. Herr Emmert mochte mich und ich mochte ihn; wir waren ein gutes Team.

Schon bald, nachdem wir angekommen waren, stellte Herr Emmert fest, dass er irgendwelche Werkzeuge vergessen hatte. Was es war, weiß ich heute nicht mehr.

„Du nimmst jetzt das Moped und holst mir das und das."

Ich hielt das natürlich für einen Scherz, denn ich war noch viel zu jung, um Moped fahren zu dürfen.

Mit der ihm eigenen Art bedeutete er mir, dass ich das ruhig machen könne; es wäre ja nicht weit und außerdem wäre auch kaum Verkehr.

Theoretisch war mir wohl bewusst, wie man ein solches Moped bedient; aber es zu fahren war noch einmal etwas ganz anderes.

„Du setzt dich jetzt da drauf, dann legst du den Gang ein, hältst die Kupplung gedrückt, und ich schiebe dich an. Dann lässt du die Kupplung los und schon fährst du. Wenn du bei der Schmiede bist, nimmst du den Gang raus und lässt das Moped laufen.“

Ich hatte gut zugehört, und wie in Trance setzte ich mich auf das Moped. Die warme Stimme des Mannes, der völlig in sich ruhte, sein freundliches Lächeln, das alles hatte mir jegliche Angst genommen.

Das Ganze passierte in den 50ern, in einer Zeit, wo der Genuss von beruhigenden Substanzen, wie Cannabis noch kein Thema war. Der Mann war einfach die Ruhe selbst.

Ich fuhr los, die Hauptstraße hinunter bis zur Schmiede. Und die gesamte Strecke im ersten Gang; denn schalten getraute ich mich nicht.

Das ging problemlos vonstatten, zumal ich die ganze Zeit über Vorfahrt hatte. Problematisch wurde es dann erst bei der Rückfahrt.

Wenn man vom Unterdorf kommend zur Kreuzung Badischer Hof kam, so hatte der von rechts kommende Verkehr aus Richtung Neckarzimmern Vorfahrt.

Und diese Tatsache machte mir Angst. Ich näherte mich vorsichtig der Kreuzung, und ich hatte großes Glück. Von rechts kam gerade niemand.

So überstand ich die Fahrt schadlos und mit stolz geschwellter Brust. Ich war zum ersten Mal Moped gefahren.

****

Der an mein Elternhaus angrenzende Garten war der ganze Stolz von Tante Luise. Sie hatte einen grünen Daumen.

Ob das der Kirschbaum war, der Zwetschgenbaum oder der Birnenbaum mit seinen köstlichen Früchten mit Namen „Frauenschenkel", die an der Seitenfront des Hauses wuchsen, und die man vom Schlafzimmerfenster heraus pflücken konnte, alles blühte und gedieh prächtig.

Ebenso wie verschiede Blumen im Garten hinter dem Haus wuchsen, gab es auch Bohnen, Rhabarber und Erdbeeren. Mit letzteren verbinde ich ein schreckliches Erlebnis.

Ich wurde in den Garten geschickt, um Erdbeeren zu pflücken. Und während ich dieses tat, tauchte urplötzlich eine Schlange unter dem Erdbeergrün auf.

Zu Tode erschrocken, sprang ich auf, griff nach einer Hacke, die in der Nähe lag und schlug wie wild auf das Tier ein. Genauer gesagt, ich zerstückelte sie.

Mein Nachbar, Herr Hugo Spohrer, der zufällig am Zaun stand, belegte mich mit einer gewaltigen Schimpftirade. Er wollte sich gar nicht mehr beruhigen.

Ich vermag die Worte im Einzelnen nicht wiederzugeben; aber sie waren von höchster Qualität.

Mein Vergehen lag darin, dass es sich gar nicht um eine Schlange handelte, sondern um eine Blindschleiche, ein Nutztier also.

Nur, wie hätte ich unbedarfter Knabe das wissen sollen? Erstens ging alles so rasant schnell und zweitens kannte ich den unterschied zwischen Schlange und Blindschleiche ja überhaupt nicht.

Mit das Schönste in Tante Luises Garten waren die beiden Fliederbüsche: Weißer und dunkelvioletter, gefüllter Flieder.

Wenn er im Mai/Juni in voller Blüte stand, war die ganze Luft erfüllt von einem unbeschreiblichen Duft.

Ewald Bulling, ein Dorfbewohner, der im Haus wohnte, in welchem Drogist und Fotograf Josef Prudlo sein Geschäft hatte, ging eines Abends bei unserem Gartenzaun vorbei, und blieb – angelockt von dem betörenden Duft des Flieders – dort stehen.

Er grüßte meine Mutter freundlich, die mit meinem Bruder und mir auf der Terrasse stand, und fragte, ob er ein oder zwei von den roten Fliederzweigen haben könne.

Gemeint war natürlich der violette Flieder.

Noch bevor meine Mutter reagieren konnte, sagte mein großer Bruder:

„Stell doch deinen roten Zinken in die Vase, dann hast du einen roten Flieder.“

Mein Bruder bezog sich damit auf die stark gerötete Nase des Fragenden.

Sowohl meine Mutter, wie auch ich, erschraken zutiefst ob dieser respektlosen und frechen Antwort meines Bruders, und sie hieß sogleich Herrn Bulling sich ein paar Zweige abzubrechen als Entschuldigung für das rüpelhafte Verhalten ihres ältesten Sohnes.

Ich habe lange überlegt, ob ich diese Episode erzählen soll, habe dann aber entschlossen es zu tun.

Ich will damit aufzeigen, dass es Respektlosigkeit zu allen Zeiten gegeben hat, und dass es kein Phänomen der heutigen Zeit ist.

Es tut mir noch heute leid, dass ein junger Rotzlöffel einen schwer arbeitenden Mann dermaßen beleidigt hat, und dass dieser Mensch mein Bruder war.

Es gäbe sicher noch viel zu erzählen; aber ich möchte es damit genug sein lassen. Ich freue mich, dass ich in der Kiste meiner Erinnerungen einiges finden und zu Papier bringen konnte.

Mir wurde beim Schreiben einmal mehr bewusst, dass die bemerkenswerten und auch wertvollen Menschen nicht vordergründig aus der gehobenen Gesellschaft sein müssen; zumindest nicht aus meiner Sicht.

Da fallen mir eher Menschen ein wie der Mann, der auf dem Nachhauseweg von der Arbeit seiner Frau eine Freude bereiten wollte…

Wie ein Mann, der aus der 1955 aus Kriegsgefangenschaft heimkehrt und seinen Sohn wiedersieht, denn er zuletzt bei dessen Taufe im Jahr 1944 gesehen hat…

Wie ein Mann, der in seiner kleinen Werkstatt Schuhe flickt, umgeben vom Duft aus Gummi, abgeschliffenem Leder und Leim und dem man folgende Worte zuschreibt: *„Do brummt de Lade"*. Alte Neckarelzer werden das noch in Erinnerung haben.

Wie ein Mann, der Gustav heißt, den sie respektlos „Puffpaff" nennen, und der sich bei Vereinen wie Feuerwehr und Karnevalsverein engagiert, und der Hand anlegt, wenn es heißt ein Festzelt aufzubauen…

Wie ein Mann, wie mein Freund, der Schmied, der einem kleinen Jungen das Gefühl gibt etwas Wert zu sein und etwas zu können...

Das alles waren bemerkenswerte Menschen, die sich noch in meiner Erinnerung befinden und denen ich – auch noch im Nachhinein – Respekt zollen möchte.

Meine Kindheit und Jugend waren erfüllt von schönen Dingen und Ereignissen, und ich hatte das große Glück von zwei wunderbaren Frauen erzogen worden zu sein, die mir die wichtigen Wertigkeiten des Lebens mit auf meinen Weg gegeben haben.

Es war eine Zeit der Entbehrung, in welcher ich herangewachsen bin, und doch war sie um vieles reicher als die heutige Zeit.

Wir hatten keinen Fernseher – zumindest für eine lange Zeit – und wir hatten weder Computer noch Smartphone.

Was wir hatten war Fantasie, und davon in reichem Maße.

Wir brauchten auch keinen Arzt oder Psychologen, der attestierte, dass wir hyperaktiv sind oder Restless legs (RLS) haben.

Wir haben unseren Bewegungsdrang in der Natur ausgelebt und man musste uns zwingen ins Haus zu kommen. Heute verläuft es genau umgekehrt, man muss die Kinder zwingen hinaus zu gehen.

Und es gab auch keine Computerspiele. Wir erfanden unsere Spiele selbst.

Ich kann die heutige Jugend nur bedauern, ist sie doch um vieles ärmer, als wir es je waren…

Nachwort

Liebe Leser,

nun bin ich am Ende meiner Geschichte angelangt, und ich kann nur hoffen, dass ich Sie bis zum Schluss auf meine Reise in die Vergangenheit mitnehmen konnte. Sollten mir Fehler unterlaufen sein (chronologische oder Namensfehler), so bitte ich Sie um Nachsicht. Ich habe nach bestem Wissen und bester Erinnerung meine Erlebnisse niedergeschrieben, und ich wünsche mir sehr, dass Ihnen meine Schilderungen gefallen haben.

Ich danke Ihnen für Ihre Aufmerksamkeit, für Ihr Verständnis und dafür, dass Sie mein Büchlein gekauft haben Ich wünsche Ihnen alles Gute und schicke liebe Grüße von der Donau an den Neckar und an die Menschen, denen ich mich verbunden fühle.

Herzlichst

Jürgen Ockenfels, alias *Juergen von Rehberg*